그대는 나의 봄

창작동네 시인선 169

그대는 나의 봄

초판인쇄 | 2023년 7월 20일
지 은 이 | 김인녀
편 집 장 | 정설연
펴 낸 이 | 윤기영
펴 낸 곳 | 도서출판 노트북 **등록** | 제305-2012-000048호
주   소 | 서울시 동대문구 사가정로 256-4 나동 101호
전   화 | 070-8887-8233 **팩스** | 02-844-5756
H   P | 010-8263-2233
이 메 일 | hdpoem55@hanmail.net
판   형 | 신한국판형 130-210/ P144

ISBN 979-11-88856-70-1-03810
정 가 10,000원

2023년 7월_그대는 나의 봄_김인녀 제6시집

한국시 현대시

*잘못된 책은 교환해 드립니다.
*저자와의 협의로 인지는 생략합니다.

그대는 나의 봄

낭송 정설연

QR코드로 대표 영상시 감상하기

목 차

009...1부. 그대는 나의 봄

010...그대는 나의 봄
011...봄이 오는 길목에서
012...봄이 떨고 있네요
013...봄의 숨결
014...봄눈
015...반려자
016...봄 물든 들녘에서
017...바람이 이네
018...바람의 노래
019...바람 부는 날
020...내 사랑 별이되어
021...낙화
022...나의 봄은 어디에
023...꽃중의 꽃
024...꽃은 지는데
025...꽃 덤불
026...고독
027...고독을 말하다
028...곱게 피어나는 사랑
029...구름은 흐른다
030...사랑의 징검다리
031...그대에 취하다
032...빛나는 성공
033...빗속에 그대를 봅니다
034...젊음
035...사랑의 징검다리
036...그대 떠나던 날
037...그대 발자국 소리인가

2부. 그대 향한 마음

040...그대를 회상하노니
042...그대 향한 마음
043...그리움
044...고향 소묘
045...끝없는 사랑
046...나그네
047...나를 본다
048...내 마음의 달
049...노을 공원
050...님은 떠나고
051...다시 피는 꽃
052...당신의 얼굴
053...대청소
054...뜬구름
055...물과 말
056...미움도 정이런가
057...백일홍의 미소
058...장미의 응원
059...장미의 속삭임
060...산 그림자
061...사막의 꽃
062...장미들의 향연
063...연꽃
064...여름 정자
065...여름날
066...여름 부채
067...아카시아꽃 상념
068...아카시아꽃 필 무렵
070...아카시아꽃 그늘
071...광교 호수 공원

3부. 추억에 젖어

074...추억에 젖어
075...참사랑
076...사랑의 환희
077...사랑한다는 것은
078...사랑의 향수
080...새벽을 기다리다
081...삶은 희망이다
082...숲속 여름의 숨결
084...세월의 수레바퀴
085...수련이 피다
086...시간은 목숨이다
087...오늘도 걷는다
088...오늘
089...우주는 만물의 놀이터
090...이별의 노래
091...추억이 서리다
092...인생 2막
094...인연
095...재회
096...하늘을 봅니다
097...하늘을 우러러
098...한때
099...해변의 연정
100...환희
101...회포
102...희망은
103...희망의 꽃씨를 뿌리자
104...파도여
105...파도
106...건방 떠는 넝쿨장미
107...희망의 별

4부. 코로나의 일침

110...코로나의 일침
111...코스모스 연가
112...허수아비의 회상
113...이 가을은 우울하다
114...촛불
115...착각은 못 말려
116...창백한 외로움
117...저무는 하루
118...사람은 가도 정은 남아
120...별이 빛나는 밤에
121...꿈꾸는 나무
122...가을에 물들다
123...가을 사랑
124...첫눈
125...첫 새벽
126...눈물아
127...눈이 덮인 광야 저편에
128...눈 내린 아침
129...눈보라
130...흰 눈이 내린다
131...흰 눈
132...함박눈
133...하얀 사랑의 추억
134...시인 김인녀의 시세계_시해설
  그리움과 희망의 서정_김운향 (문학평론가)

1부. 그대는 나의 봄

봄이 온다고 너도나도
꽃바람 쐬러 가자고 들썩
가슴 뛰고 설레어라

이산에는 개나리꽃
저 산에는 진달래꽃
강변에 벚꽃 꽃잔치 한창이다

그대는 나의 봄

봄이 온다고 너도나도
꽃바람 쐬러 가자고 들썩
가슴 뛰고 설레어라

이산에는 개나리꽃
저 산에는 진달래꽃
강변에 벚꽃 꽃잔치 한창이다

그대 온다고 이 옷 저 옷 골라
거울에 앞태 뒤태 비춰보며
꽃처럼 방긋 웃음 지어 본다

생각만 해도 기쁨 피어오르고
나를 설레게 하는 그대
그대는 영원한 나의 봄이어라

봄이 오는 길목에서

여울목 울음소리에
개구리가 잠을 깨고
그대 숨결 끌어안고
버들가지 연두 물감 토해낸다

매화는 붉은 입술로
뭇 사내를 유혹하고
윗동네 가시내들 가슴이 부풀어
그대 오시는 길목에 봄바람 분분하다

앞 동네 뚝방에
어르신이며
아이들이며
너 나 없이 모여들어
운동 기구 불티나게 돌아간다

겹겹이 누빈 코트 벗어 던지고
겨우내 묵은 이불 뜯어 빨고
상큼한 봄동 겉절이에
냉이국 끓이면
잃어버린 입맛도 돌아오겠지

김인녀

봄이 떨고 있네요

절기로 오늘이 입춘이라는데
영하의 추운 겨울 두꺼운
외투에 애착을 버릴 수가 없군요

햇살은 맑고 따뜻한 듯 하나
추위에 언 손을 내밀기가
주저되는 날씨의 심술이네요

이 강추위를 잘 견디고 있는지
낙오한 물새 한 마리 마음의
둥지에서 오늘도 떨고 있군요

아직 봄이 추위에 떨고 있어도
물새가 궁금해 문을 열고 나가니
햇볕이 먼저와 강물과 노니네요

봄의 숨결

어려움이 지나면
좋은 일이 있듯이
한겨울의 추위가 맹위를 떨치니
그대 올 때가 머지않았나 보다

강변에 죽은 듯하던
미루나무 가지 살포시 내뱉는 숨결이
연두빛으로 계절의 변화를
눈짓한다

바람결이 한결 숨 고르고
보드란 그대 입김처럼
얼은 볼을 따사롭게 스치운다

봄이 오면
그대 소식도 봄바람 타고
오시겠기에 따스한 봄의 숨결은
한겨울 삭막한 가슴에 뜨거운
사랑의 입김이다

김인녀

봄눈

때아닌 하얀 눈이 펄펄 내린다
님 그리워 하소연하는 듯이
소복소복 빈 뜰에 길게 눕는다

따스한 바람이 붉은 볼에
살포시 입맞출 때에 나풀나풀
흰 꽃잎이 아른거린다

세월에 야윈 동장군 서러워도
맑은 눈 속에 매화꽃이 배시시
분홍빛 눈짓 미소가 망울진다

님의 입김 비켜 갈 수 없는 몸부림
인적없는 언덕에 새봄의 나그네
흰 너울 속에 하얀 웃음 등을 켠다

반려자

지친 하루라도 희희락락
밤하늘의 별을 보며
같이 있으니 기쁨이 배가 된다

한겨울에 찬밥이라도
둘이 마주 앉아 주거니 받거니
같이 먹으니 삶이 향기롭다

한여름에 땀에 절어도
서로서로 땀을 닦아주고
같이 아껴주니 새봄의 햇살 같다

꽃피고 새우는 봄볕 아래
꽃바람 향기로울 때 나들이
같이 가니 행복이 샘솟는다

그대가 아프면 나도 아프고
그대가 즐거우면 나도 즐거우니
그대와 나는 몸은 둘이나
사랑으로 맺어진 마음은 하나다

김인녀

봄 물든 들녘에서

연두빛 봄 물든 들녘에서
생각의 바다 출렁인다
지난밤 그대 머문 영롱한 자리
이슬방울이 방울방울 반짝반짝
나를 보고 미소 짓는다

연두빛 봄 물든 들녘에서
생각의 바다 출렁인다
저 봄 햇살이 앙상히 마른
나뭇가지 사이를 지나 외로운 그대
어깨 위에 살포시 내려앉는다

연두빛 봄 물든 들녘에서
생각의 바다 출렁인다
살랑이는 봄바람이 반짝이는
냇물을 스치며 볼을 비비고
맺힌 회포를 굽이굽이 펼친다

연두빛 봄 물든 들녘에서
생각의 바다 출렁인다
그대 향한 연민으로 봄 물든
내 가슴에 밤하늘의 별들이
그대 사랑의 등불을 환히 지핀다

바람이 이네

창 넘어 화원에 꽃잎이
햇빛에 반짝 벌 나비 분주하니
따사로운 봄날이다

등 굽은 할머니 꾸부정 걷고
가로수가 앞뒤로 엉기며 수다
자욱하게 먼지가 인다

하늘이 푸르른 것은
바람에 구름이 멀리
다 날아간 탓일 것이다

모자 차양이 조금 넓지만
자꾸 벗겨져 산책하는 동안
내내 붙잡고 거닌다

계속 옷자락을 희롱하고
내 마음도 겉잡을 수 없이
바람에 흔들린다

김인녀

바람의 노래

얼굴도 없고 입도 없어도
끊임없이 속삭이고 때로는
외치는 바람 소리가
가슴을 울린다

어릴적 배가 고파 휘청이고
세월을 원망하고 아파할 때
참아야 한다는 외침에
눈물을 삼켰다

그대 사랑의 훈풍이 불어
꿈속인 듯 생시인 듯 취해있을 때
험난한 가시밭 길도 걸었다는 것을
바람은 알고 있었다

세파를 지나 삶의 끝자락에 서니
사랑도 미움도 하룻밤의 꿈이고
지난날에 울리던 바람의 노래가
아스라이 뇌리를 스치운다

바람 부는 날

새봄의 고운 꽃이 창 넘어
정원에 반짝이는가 싶은데
흰 눈처럼 꽃잎이
흩날린다

초목들이 연두빛 새싹들
입 맞추고 가지마다 빠끔이
봄을 반기는데
휘몰아치는 흰 바람에 휘청인다

코로나 창궐 뉴스에
가슴이 섬뜩하고
안방 문 꽝 닫히는 소리에
화들짝 놀라 정신이 아득하다

유리창 통해 내다보니
여인네 치맛자락이 펄럭이고
가로수 나무가 머릿채를 휘어잡고 엉긴다

아침에 열어젖힌 문 사이로
세찬 바람 볼을 할퀴지만
궂은 현실에 굳은 심지
끌어 안는다

김인녀

내 사랑 별이되어

햇살이 창가에 가득 차고
남풍이 강가의 살얼음 녹이면
꽃봉오리 수줍은 미소 번지고

싱그러운 초록의 바다가 열리고
새들이 사랑 노래 울려 퍼지니
그대 향해 그리움이 꽃을 피우며

구슬처럼 영롱한 진주가 영글고
장미가 붉게 물들면 내 사랑도
짙은 향기가 피어나리니

바람이 싸늘하고 낙엽이 우수수
황혼이 그림자 지면 그대 내 가슴에
별이 되어 영원히 빛나리

낙화

시절은 험상궂게 지나가도
봄은 오고 꽃은 향기를 품고
햇살은 목덜미를 애무하는데

눈앞에 흩날리는 그대 모습
어제 만난 듯한데 벌써
작별의 입맞춤인가 볼을 훑는다

세월을 탓하랴
바람을 탓하랴
하늘을 탓하랴

열정의 내 청춘이 가고
봄꽃처럼 지듯 애틋한 풋사랑도
실바람에 허물어진다

나의 사랑
이 이별은 다시 못 올 오늘처럼
영원한 눈물 내 영혼의 슬픈 결별이어라

김인녀

나의 봄은 어디에

뚝방 기슭의 개나리 무더기
노란 애교가 활짝 웃고
천변의 만발한 벚꽃들
꽃구름 타고 빈 하늘을 나른다

꽃밭에 앉은 비둘기들은
흙을 헤쳐 꽃씨 찾기에 바쁘고
새끼들 울부짖는 미루나무 위
새 둥지에 봄노래가 가득하다

한겨울 이긴 앙상한 나뭇가지
봄볕을 반겨 초록 새싹 방긋방긋
연초록 수양버들 강물에 잠겨
봄의 소리 왈츠가 흥겹다

저녁놀 황혼이 지는 봄 언덕에
진달래 연정 붉게 물드는데
나의 님은 어디 갔나 한 번 가고
오지 않는 야속한 나의 님이여

꽃중의 꽃

꽃중의 꽃으뜸 꽃
예쁜 꽃 대학을 나와 정년이 없는
아이티 회사 중역으로
농원의 주인으로 최선을 다하는
출중한 나무들 안팎으로 사람을 잘 만나
살림 잘하고 상호 협조 잘하고
자녀 꽃나무 잘 키우고
음식 잘하고 부모 고양 잘하니
부러울게 없다

요즈음 젊은이 못지않은
생활 능력 출중하고
반듯한 다른 꽃나무도 보고
인공지능 회사에 입사
장래가 촉망되는 새싹
꽃나무도 자랑스럽다

모두 건강하게
자기 일 잘하며 열심히 살아가니
사회를 빛내는 향기로운 나무꽃들
그보다 더 아름다운
꽃이 있으랴

김인녀

꽃은 지는데

동산에 물든 꽃은 지는데
숲속에 산새들은 노래하고
창공을 날으며
사랑의 님을 찾는다

정원에 장미꽃은 시드는데
놀이터에 아가들은
폴짝폴짝 이리저리
즐겁게 뛰며 무럭무럭 자란다

산책로에 늘어선 아카시아꽃
하얀 향기 사위어도
풀꽃은 이슬을 머금고
더욱 영롱하게 고웁다

님은 갔어도 님 향한 붉은 마음
그리움의 눈물 깊은 분수가 되고
잠은 오지 않는데 소쩍새
소리만 창가에 가득하다

꽃 덤불

아침 일찍 정원을 지나는데
봄 햇살 환하게 쏟아지는
나무들 사이로 연산홍 붉게 웃는다

간밤에 천사가 노닐다 갔나
수줍은 듯 환한 모습
기쁜 일이 있었나 보다

초롱초롱 구슬이 옹기종기
아침 이슬이 반짝반짝
사랑의 눈짓이 흥건하다

시절이 험해 방에 갇혀
마음도 빗장에 걸려 힘겨운가
꽃 덤불에 안기고 지고 마음이 나래를 편다

김인녀

고독

안개 낀 적막한 오솔길에
혼자 정처도 없이 걷는 나그네

어느덧 해는 뉘엿뉘엿 노을 깔린
서산 언덕에 앉아 어둠을 토한다

어느 외딴집 처마 밑에
이 밤 지친 나그네를 뉘울까

꽃은 피고 지고 님도 가고
모두 다 떠나가니 가슴에 공허만 가득하다

숙명처럼 외로운 나그네의 고독
하늘에 별 하나 싸하니 떴다 진다

고독을 말하다

거실 한구석에 하얀 꽃
삶의 무게에 깊이 이랑진 몰골
초라한 외로움에 지친
그림자 하나 비친다

발랄하고 찬란한 젊음 떠나고
꽃 같던 님 여위고 나니
한설의 눈보라 야윈 가슴 할퀴고
공허가 피어오른다

사는게, 가을걷이 다 끝난
빈 들녘에 휘몰아치고
비 바람에 흩날리는
허수아비 옷자락 같이 애처롭다

찢어질 듯 아프고 허망한 세월
길 끝자락 등성이 넘어가면
그대 만날까 사무치는 고독
뜨거운 눈물이 섧다

김인녀

곱게 피어나는 사랑

삶의 무게가 작아질 때
그대 따뜻한 눈빛이 섬광처럼
뇌리에 꽃잎으로 벙근다

무심결에 다가오는 그대 숨결
잠자는 내 영혼이 빛에 깨어나듯
윤슬 일어 심장이 물결 진다

그대 따스한 손길에 몸과
마음 흔들리고 깊은 고뇌로
현기증을 앓는다

목숨이라도 내줄듯한 열정에
그대 폭풍의 파도가 몰아치고
화산처럼 가슴은 불타 오른다
오 사랑이여

구름은 흐른다

안개처럼 흩날리더니
꽃구름이 되어
잔잔한 가슴에 뜨거운 숨결 인다

그대로 거기 있는가 했는데
뭉게구름 되어 저 멀리
내 사랑 싣고 흘러간다

잡으려 잡으려 애가 타도
저 멀리 흘러간 구름 떼
맑은 이슬이 되어 창공으로 사라진다

이제나저제나 기다리는 마음
소리 없이 떠나간 내님
그대 만나려 구름이나 될거나

김인녀

사랑의 징검다리

우울한 회색빛 하늘을 헤치고
맑고 밝은 태양이 찬란할 때
그대 수련 연못 위
다리를 지난다

몽롱한 정신을 가다듬고
문을 열어제치고
심호흡을 하며
그대를 맞으러 간다

막혔던 혈관이 뚫리고
뜨거운 열기가 온몸을 휩쓸고
그대 향해 불같이
가슴이 설렌다

멀리서 그대 부르는 소리 은은한
맑은 호수에 연꽃이 수려하고
오색 무지개 다리 위에 살포시
사랑 꽃 곱게 피어난다

그대에 취하다

그늘진 뒤뜰에 따슨 금빛 햇살
그대는 포근히 보료처럼 내려와
얼은 듯 차가운 내 마음 어루고

밖에 싸늘한 바람이 두려워
실바람이라도 안을 곁눈질 할까
커튼을 드리우고 나가자 나의 손을 잡는다

그대 푸른 옷 갈아입고
빨강 꽃들이 옹기종기 모인 뜰에서
움츠린 나를 따사로이 안아 주고

뚝방에 벚꽃들 훈풍 겨워
우수수 춤추며 꽃 잔치 한창이고
아가씨들 봄나들이 사랑 꿈이 부풀 때
내게 그대 입맞추며

흩날리는 꽃잎 희롱 더해갈 때
그대의 따뜻한 체취에 취하고
파도 같은 설렘이
마음 기슭에 출렁인다

김인녀

빛나는 성공

수십 권의 책을 출판하니
많은 축하객들 넘실대고
큰 성공에 부러운 눈빛 출렁인다

그대 일생을 글을 쫓아
이산 저산 바람에 실려 헤매며
뼈를 깎는 긴긴 세월을 바쳤다

많은 글은 그저 검은 글씨요
잠시 위로가 살짝 곁눈질 하나
고독한 삶으로 이룬 금자탑이다

사랑의 피붙이가 길 끝자락에
손짓의 의미가 보석인 것 같이
벅찬 금자탑은 분투의 빛나는 분신이다

빗속에 그대를 봅니다

푸르렀던 하늘이 검푸르게 변해
빗방울이 빈 창가를 뿌옇게 가려도
그리운 님아
나는 빗속에서 수려한 그대 모습 봅니다

초록빛 향기가 차올라 몽롱했던
들판에 먹구름이 덮여도
그리운 님아
나는 빗속에서 반짝이는 그대 눈동자 봅니다

울긋불긋 꽃 정원에
맑은 새소리가 사라졌어도
그리운 님아
나는 빗속에서 환히 웃는 그대 얼굴 봅니다

실비가 내리고 내려
뽀얀 속살이 빗물 속에 울어도
그리운 님아
나는 내 가슴속에 꽃 같은 그대 사랑 봅니다

김인녀

젊음

그대 이름만 불러도
천하가 손안에 있는 듯이
옹달샘 솟듯이 가슴속에서
뜨거운 기운이 용솟음친다

그대 마음만 먹으면
겨울나무에 눈을 녹이고
마른 가지에 새순이 뾰족뾰족
연초록 새순이 돋는다

그대 빈 광야에 서 있어도
산천초목이 비바람에 흔들려도
푸른 초원으로 채워갈
용기 있는 도전이 두렵지 않다

그대 얼마나 순수한가
그대 얼마나 아름다운가
그대 얼마나 용감한가
다시 돌아갈 수 없으니 뛰어라

사랑의 징검다리

우울한 회색빛 하늘을 헤치고
맑고 밝은 태양이 찬란할 때
그대 수련 연못 위
다리를 지난다

몽롱한 정신을 가다듬고
문을 열어제치고
심호흡을 하며
그대를 맞으러 간다

막혔던 혈관이 뚫리고
뜨거운 열기가 온몸을 휩쓸고
그대 향해 불같이
가슴이 설렌다

멀리서 그대 부르는 소리 은은한
맑은 호수에 연꽃이 수려하고
오색 무지개 다리 위에 살포시
사랑 꽃 곱게 피어난다

김인녀

그대 떠나던 날

하늘도 뿌연 안개인 듯 가랑빈 듯
눈썹에 매달려 눈물에 젖고

태양도 가슴 에이는 슬픔
가슴 깊이 침잠해 빛을 잃는다

달도 그 빛이 검게 기울고
별들도 구름 속으로 사라지니

지울 수 없는 애달픔이 눈물 되어
홍수처럼 가슴에 몰아친다

그대 발자국 소리인가

저녁 어스름 창문 두드리는 소리
파릇파릇 움트는 오솔길 지나
오시는 그대 발자국 소리인가 하여

천리나 되는 듯 애타게 그리는 마음
맨발로 달려 나가
활짝 문 열어보니

잿빛 하늘에
후두둑
후두둑
빗방울 소리뿐

김인녀

2부. 그대 향한 마음

내 마음은 바람 같아요
그대 허기져 휘청거리면
내 마음은 흩날리는 나뭇잎처럼
솔바람에도 흔들이다
그대 가슴에 안기입니다

                    그대 향한 마음 중

그대를 회상하노니

그대는 어떻게 내게로 왔나
강물 잔잔한 물결 타고 왔나
창문 두드리는 장마비로 왔나
살포시 내리는 눈발 타고 왔나
문득 지난날의 장밋빛 같던
그대 사랑이 눈앞을 어지른다

봄비처럼 조용하고
다정다감하고
속 깊이 배려하고
매사 다독이고 격려하며
퇴근 시간 맞춰 교문 앞에
몇 년을 빠짐없이 기다린다

눈 내리는 늦은 저녁에
창가에서 그대는 아이아이
사랑 노래를 띄워 듣는 이들
들뜨게 흔들고 나를 설레게
요동친 해프닝으로 기억된다

순탄한 사랑의 여로인 듯했으나
주위의 큰 벽은 거의 난공불락
직장도 버리고 사라져
그대는 목숨을 걸고
사랑을 쟁취한 승자가 된다

끈질긴 밧줄 타고
노래에 사랑 싣고
목숨 걸고 거머쥔 사랑을
잘 가꾸고 북돋우어
향긋한 꽃길 끝에 웃으며 섰다

김인녀

그대 향한 마음

내 마음은 강물 같아요
그대 슬픔에 젖어 흐느끼면
내 마음도 강물 속에 흔들리는
그림자처럼 출렁이다
그대 발아래에 부서집니다

내 마음은 바람 같아요
그대 허기져 휘청거리면
내 마음은 흩날리는 나뭇잎처럼
솔바람에도 흔들이다
그대 가슴에 안기입니다

내 마음은 안개 같아요
그대 흐릿한 기분에 울적하면
내 마음도 갈피를 못 잡고
방황하는 안개처럼 헤매이다
그대 창가에 들이웁니다

내 마음은 폭풍 같아요
그대 갈 길을 잃고 밤길을 헤매면
내 마음은 그대 찾아 거리를
휩쓸고 달려가 그대를 끌어안고
사랑한다고 실토합니다

그리움

저 멀리 푸른 하늘에
흰 구름 한 조각 그림자 남기고
그대처럼 서서히 지나간다

떠난 그대 잊으려 애를 써도
구름 그림자 가듯이 잊혀지지 않고
기억의 언저리에 서성인다

가을 햇살이 해맑은 날에는
추억의 언덕에 초록의 동심
그린 그림이 더욱 선명하다

가을의 내음 황금 들녘 가득 할제
홍옥같이 곱게 꿈이 영글던 그때
눈 감아도 못잊을 그대 어디갔나

김인녀

고향 소묘

뒷산 아름드리 새집 기둥 석가래
천년만년 가세를 지킬 듯 했건만
몹쓸 풍파에 빈몸으로 내쳐져
낯설고 물설은 피난살이 지친다

가을이면 첫새벽 잠방이 젖는
이슬 밟으며 줍던 알밤 밤밭이며
할아버지 손수 짓고 첫 신자 되신
영혼의 교회가 마을 어귀 지킨다

찬바람 옷깃 훔쳐도 송살이 뜨며
속옷 다 젖는 줄 모르던 철부지들
아침의 단잠 흔드는 교회 종소리
강 상류의 푸른 강물 첨벙 삼삼타

흰 눈이 송이송이 겨울 문턱
호박엿 옥수수엿 단내가 나고
토방 삽살이 낮잠에 코 골고 광속
가위바위보 언니와 엿치기 그립다

끝없는 사랑

그대는 꽃을 사랑하여
나에게 장미꽃 한 아름 안겨 주었고

그대로 하여 나도 꽃을 보며
우리 사랑이 시작되었지요

그대가 다시 오지 않고
장미꽃은 시들었지만

시든 꽃이 다시 살아날 때까지
내 가슴에 그대 사랑은 꽃피리라

김인녀

나그네

먼 산봉우리 사이 사이에
흰 구름이 떼로 머물다 바람에
흔적 없이 하늘 위로 사라진다

어디서 왔다가 어디로 가는지
알 수 없는 길손 해질녘이 되면
머물 곳을 찾아 마음이 분주하다

근심도 사랑도 내려놓고 오직
빈 마음으로 길 위를 걸으며 방황하고 헤맨다

부귀도 영화도 사랑도 미움도
하룻밤의 꿈인 것처럼 빈손으로
이승에 소풍 왔다 가는 우린 나그네이다

나를 본다

활활 타오르던 태양은 이울고
고운 얼굴에 밭이랑 골이 져
외론 그림자 고독에 허우적인다

지난날 영광의 족적은 어디 있나
긴긴 시간이 훌쩍 물 흐르듯
흔적도 없이 저만치 사라져 간다

하얗게 바랜 인생 쫓기는 일상 속
서릿발 같은 세월의 채찍에 앞뒤를
헤아릴 틈 없이 흔들린다

미흡한 글쓰기라도 힘이 되어서
알찬 마음의 꽃으로 남은 날들
삶이 더욱 곱게 아롱질지이다

김인녀

내 마음의 달

그대 생각에 깊어가는 밤
잠이 오지 않아 밤하늘을 보면
달님이 인사를 한다

그날 하루가 즐거웠으면
달님도 기쁜 마음으로
반갑게 활짝 웃는다

마음이 울적한 밤이면
물기를 머금고 울음을 터뜨릴 듯
달님도 눈물에 젖어 달무리 진다

달님의 마음이 내 마음이며
마음의 거울이고
나를 사랑하는 불변의 연인이다

노을 공원

푸른 초록의 잔디가 벨벳을 깐 듯
햇살에 빛나는 온몸을 내어주고
오르는 길가 잡초 속 맹꽁이가
맹꽁맹꽁 반긴다

언덕 넘어오는 상큼한 풀냄새
성숙한 여인의 체취처럼
청록의 향취에 취하고
맑은 공기 속에 감흥이 절로난다

울창한 나무 그림자 사이로
물빛 바다 한 귀퉁이 인양
한강 에메랄드 한 조각 스치며
길손을 유혹 속살을 들어낸다

청청 풀향기에 고운 새소리로
서산 넘어 붉게 타는 노을빛에
물드는 공원의 붉은 미소가
발그레 수줍어 풀잎으로 가린다

김인녀

님은 떠나고

다정했던 그대
한마디 말도 없이 돌아설 때
종일 비가 내리고 있었다

가지 말라고 가지 말라고
눈물로 애원했건만
쓸쓸한 그 길로 멀어져 간다

뜨거운 눈물인가
차가운 빗물인가
아픈 마음은 슬픔에 젖는다

그날처럼 하루 내내
빗소리는 추적추적
내 가슴에 강물 같은 눈물이 뜨겁다

다시 피는 꽃

만나면 언제인가 헤어짐이 있고
우리 삶의 섭리이고 슬픔이지만
영원할 것만 같던 고운 사랑도
할퀴며 상처를 내고 떠난다

이별을 통해 지난날을 곱씹고
마음의 정화 값진 과정이 되어
못된 앙탈도 아린 채찍으로
일그러진 사랑을 후회한다

아픈 상처가 따뜻한 훈장이 되어
사랑의 모습을 창공에 그리면서
눈물의 고통만큼 순화한 꽃을
메마른 가슴에 다시 활짝 피운다

김인녀

당신의 얼굴

사랑이 넘치는 날
당신은 꽃 같은 얼굴이고

미움이 솟는 날
당신은 밉상이지만

햇살이 화사한 오늘
당신은 해님의 얼굴이네요

대청소

큰 아파트에서 룰루랄라
나 혼자 사니 언제나
깨끗하다는 착각 속에 행복하다

모두들 장성해 바쁜 애들이
오랜만에 어버이날이라
찾아온다고 한다

침실 거실 주방 베란다 화장실
웬 고운 먼지 구석구석
유리알처럼 켜켜이 씻어 낸다

자갈길 흙길 포장도로 지난
인생길도 굵은 먼지 고운 먼지
솜처럼 쌓였으리라

허리가 휘청하게 대청소하니
마음에 찌든 먼지도 씻겼나
장마 후 푸른 하늘 보듯 상쾌하다

김인녀

뜬구름

한때는 청춘의 푸른 꿈으로
가슴이 부풀어 이리 뛰고 저리 뛰며
하늘이 낮다 뛰어 오른다

영시에 심취 영문학자의 꿈도
자전거로 백두산까지 대장정이며
말 타고 세계 일주의 꿈도 물거품이다

한 여자의 삶은 그저 그렇게 흘렀지만
하늘의 뜬구름이라도 잡으려던
한낮의 꿈은 그런대로 푸르고 푸르다

돌아보면 날으는 구름이라도 잡으려던
푸르렀던 의욕과 열정이 있는 젊은
날들은 고달파도 아름다웠다 말하리

물과 말

실수로 내뱉은 말 한마디
햇살의 그림자 속에 꼬리가 남는다

엎어진 물이 흉한 자국 남기듯
말실수는 퇴색된 세월의 삶에 얼룩진다

지워도 지워도 지우고 싶어도
지울 수 없는 흠집으로 창창한
앞길에 오점이 되기도 한다

한번 엎어진 물 주워 담을 수 없듯
한번 내뱉은 말도 걷을 수 없으니
말과 행실 숙고하고 다듬을지다

김인녀

미움도 정이런가

내놓을 것 없는 피난민 수용소 살이
고교 시절 공부로 나를 세워
텃세에 모진 설움 이겨야만 했다

그것을 시샘하는 가까운 동무가
퍼뜨린 헛소문이 하도 흉측하고
타향의 비애 침이 써도 삼켰다

찬바람 꽃바람도 어느새 다 지나
백발에 머리는 휑하니 다 빠지고
다리는 절며 돌연 그는 쓰러졌다

쓰리고 매운 상처도 세월에 씻겨
짠하고 비수에 찔린 듯 아픈 마음
미움도 정이더냐 눈물이 난다

백일홍의 미소

홍수에 휩쓸린 호화 정원에
곱던 꽃과 나무들도 쓰러지고
진흙에 묻혀 흉물스럽던 차

한 켠에 백일홍 무더기 꽃대들
빨강 노랑 꽃망울 단장하고
고운 미소 흩날린다

폐허의 냄새가 꽃향기로 춤추고
뜨거운 연인들의 입김으로
정원이 더욱 화사한데

그대 빛나는 웃음이 있고
햇살 영롱한 태양 가득히
그대 사랑이 들불처럼 번져간다

김인녀

장미의 응원

아침 이슬이 구슬처럼 구르는
장미가 만개 오가는 이들을 향해
활짝 웃는다

나이가 많다고 위축되지 말라는
그녀들 속삭임의 숨결이
귀에 들리는 순간 움찔 놀란다

지난밤 뒤척이느라
잠이 많이 부족했나
매무새를 가다듬고 어깨를 편다

그녀들이 함께 거닐며
앞을 보고 달리라고 격려
외침이 전율로 다가온다

정신을 가다듬고
삶의 자부심을 가슴에 품고
정진하리라 깊은 새김을 한다

장미의 속삭임

하늘에서 내려온 선녀들인가
이슬에 젖은 눈동자 아씨들
새들의 합창에 맞추어 사뿐사뿐 춤춘다

벙근 꽃잎들이 수려한 자태로
파더스데이 시원 시원하게
곱게 단장하고 님을 향한 눈빛이 빛난다

붉은 앵두 같은 입술에
반달눈썹 요염한 이마
하나 같이 어여쁘고 화려한
유혹의 속삭임이 풍성하다

가지각색의 크고 작은 목을 길게
고대하는 아씨들 연인을 찾는 듯
하늘하늘 속삭이듯이 바람에 흔들린다

늘어선 꽃 행렬 질서 정연히
향기가 진동하고 황홀한 퍼레이드
가까이 오니 기쁨의 속삭임 행렬이 절정이다

김인녀

산 그림자

한여름 기온이 높을 때
산 그림자는 달아오른 체온을
식혀주고 세상 고통 쉬어가는
편안을 안기는 보금자리다

바위 넘는 노루들의 모습도
누군가 외치는 산울림도
또르르 도토리 찾는 청솔모의
눈동자도 앙증스레 드리운다

땔감 하러간 건너 마을 개똥 아범
지게가 산기슭에 무겁게 괴이고
나물 캐던 아낙의 힘겨운 사연도
산 그림자에 투영되었으리라

지친 해가 서산에 걸리면 석양에
조각구름은 붉게 물들지만
많은 사연 품은 긴 산 그림자는
허탈한 외로움에 눈물짓는다

사막의 꽃

뜨거운 태양에 살이 탈 듯
열기가 폭포처럼 쏟아져도
연인처럼 꿈을 끌어안고 먼 사막을 걷는다

물 한 방울 없이 타고 타는
목마름을 그리움으로 새기며
기진한 마른 모래바람 친구처럼 같이 딩군다

앞을 가늠 못할 모래 폭풍에
허기가 차오는 배를 부여잡고도
꽃 같은 사랑을 만날 희망으로 기운을 돋운다

광활한 모래 바다에 새 힘을 얻는
오아시스가 멀리서 윙크하니
지친 나그네 감싸는 사막의 꽃이다

김인녀

장미들의 향연

장미원에 많은 장미들
뽐뽐 멋을 내고
자기가 제일이라
왁자지껄 수다 떠는데
붕 벌 나비 날아든다

화이트 심포니 백장미가
싸한 흰 향기에 요염을 떨고
살랑 부는 바람에도
입술을 파르르 떨며
눈을 내리 깐다

빨강 핑크 장미 수줍은 듯
눈짓하고 애교를 날리며
나비와 춤추며 윙크하고
미니 장미 보란 듯
치마자락 휘저으며 돌아간다

노랑 주황 흰 미니 장미들
작아도 떼로 몸을 흔들고
향기를 발하고 사랑 몽땅 독차지
뾰족한 입술 햇살에 입 맞추며
웃음 활짝 향연은 흥에 취한다

연꽃

첨단 기술로 삶이 편해져도
흉흉한 뉴스는 날로 늘 적에
마음의 길잡이 그대여

흙탕물 속에 뿌리내리고
빛곱게 꽃을 터뜨리는
청순하고 맑은 영혼의 그대여

빗방울이며 이슬이
영롱한 구슬로 마음을 씻고
삐뚤어진 이를 선도 하는 그대여

밝은 낮에도 길잃은 이의
빛이며 꽃불을 환히 밝히는
신비의 사랑 그대여

김인녀

여름 정자

숨 막히는 더위에 지쳐
찾아든 나에게
사방 탁 트인 그늘막에
산들바람이 먼저 쉬자 한다

등골에 젖은 땀이 식기도 전에
시원한 수박 한 덩이
빨강 속살을 드러내 침샘을 유혹한다

바람이 겨드랑이를 식히고
목덜미 귓볼을 스쳐
녹초된 심신을 껴안으며
지친 마음을 달랜다

꽃정원 안은 작은 연못에
분수가 안개비 날리고
길 건너 실개천 물새의 노래
여름 정자에 오수가 달다

여름날

메뚜기떼 푸른 볏줄기
녹음을 갉아 먹고
촌노 우물 찬물에
등막이 서늘하고
젊은 아낙 냉수 한 바가지
배가 터질 듯하다

멍멍이는 나무 그늘 밑에서
오수가 달고
울엄마 상추쌈에 달빛도 싸서
와삭와삭 드시고
한철 모기떼는 흰 연기 고스레에
너부러졌다

나는 매일 저녁 마다
멍석 위에 별빛을 깔고
풀향기 솔솔 번지는 밤
몽글몽글 솟는 꿈을
맘껏 맘껏 띄워
여름을 마신다

김인녀

여름 부채

흐드러지던 봄꽃 짙은 향기
저 모퉁이에 서성이는데
벌써 폭염이 창가에 가득하다

선풍기는 너무 일은 듯 하고
오랫동안 구석에 외면했으나
이 더위를 식혀줄이 그대 뿐이다

토라질 듯도 하건마는
선선히 보드란 솜씨 쎈 바람
답답하던 가슴이 시원하다

더위가 창틀에 걸렸으니
메뚜기도 한 철이듯이
선선한 행복의 나날 누리리

아카시아꽃 상념

초록빛 청춘이 진초록으로
온통 초록의 바다가 넘실댈 때
하얀 아카시아꽃 짙은 향기

오래전 멀리 이민 간 내 절친
아카시아꽃 하얗게 핀 오월
마지막 날이 생일인 미소띤 얼굴

첫눈처럼 하얀 아카시아꽃 아래
첫사랑 그 남자의 빨간 손수건
수줍게 건네던 그윽한 그 눈동자

오월이면 살며시 내 가슴에
어김없이 꽃 그림자 물들이는
그때 그 시절 아카시아꽃 그늘

김인녀

아카시아꽃 필 무렵

둔덕진 뒷산 기슭
어릴 적에 너와 나는
시간이 허락하는 틈새를 지나
가위바위보 하며 아카시아잎 따기
늘 너는 이겼다

이맘때가 되면 아카시아꽃이
쌀밥처럼 하얗게 피어
허기져 물로 배를 채워도
즐겁던 시간은 쏜살같이 흘렀고

너의 생일 오월 말
흐드러진 아카시아꽃 향기 마시며
애나벨리 영시(英詩) 야무지게 읊던
너의 모습이 슬며시 떠오른다

부푼 아메리카 드림 부여잡고
이민 갔다 잠깐 한국에 왔을 때
다 빠진 너의 흰 머리에서
혹독한 이민의 삶과 고뇌를 보았다

강변에 아카시아 하얀 너울 쓰고
짙은 향기 코끝을 간지르는데
너는 어디 있는지 소식 없고
보고 싶은 마음 안개처럼 피어오른다

김인녀

아카시아꽃 그늘

오월은 장미의 계설이라고
하지만 아카시아꽃을
빼놓을 수가 없다

보릿고개가 너무 높아
끼니를 건너 뛰는 날이면
아카시아꽃이 힘이 되었다

아카시아꽃 따 먹기
내기에 지면 딱밤 벌칙에
찔끔 눈물나도 즐겁기만 하다

이마가 벌겋게 부풀어도
그녀는 아카시아꽃 그늘에서
눈을 반짝이며 활짝 웃는다

수십 년의 세월은 가도
그 눈동자 그 웃음은 내 가슴에
영원히 아카시아꽃과 함께 있다

광교 호수 공원

가슴이 넉넉한 그대는
바다를 닮아 푸른 하늘을 품고
흰 구름도 끌어안고
산 그림자도 잠을 재운다

계절 따라 꽃무릇 향기 품고
신록의 잔치 풍성하고
오색의 낙엽 춤을 추고
흰 비단 옷자락 날린다

청명한 날에는 금빛 물결에
달빛 쏟아지는 밤에는 은하수 첨벙이고
젊은 연인들의 밀어가 익어가고
물고기들의 사랑이 뜨거워진다

고운 아가들이 산책을 가면
영롱한 아침 이슬에 얼굴을 씻고
그대 넓은 가슴에 안기어서
안개 너울을 쓰고 희망의 행진을 한다

김인녀

3부. 추억에 젖어

아직 그때 파도 소리 청량하고
바다 갈매기 끼룩이는 울음이며
조개들의 노래 귀에 삼삼하다

하교하면 도중에 골목에 있는
빵집에서 찐빵을 호호 불면
세상이 내 것 인양 수다를 떨었다

추억에 젖어 중

추억에 젖어

오래된 친구 전화를 받으니
흑백 영화같이 지난날들이
아스름히 되살아 난다

뙤약볕을 벗인양 등에 지고
바닷가 모래사장에서 조개 줍던
한 여름날의 기억이 달달하다

아직 그때 파도 소리 청량하고
바다 갈매기 끼룩이는 울음이며
조개들의 노래 귀에 삼삼하다

하교하면 도중에 골목에 있는
빵집에서 찐빵을 호호 불면
세상이 내 것 인양 수다를 떨었다

앞날의 꿈이 창창하던 젊은 날
많고 즐거운 추억들 풍선처럼
하나 둘 피어나 나를 부른다

참사랑

어둠을 삼키고 솟는 햇살에
환히 웃음 짓는 해바라기처럼
그대만 보면 행복으로
가슴이 벅차 오른다

따뜻한 살점을 그대에게 떼어 줘도
뛰는 가슴을 다 줘도 기쁠 것이고
사랑의 환희를 폭포처럼
안겨주고 싶다

주어도 또 주고파 몸부림치고
더 줄 것을 찾는 간절한 마음
더 많이 못 줘 아쉬워하고
가슴 아파한다

목숨 바쳐 사랑할 수 있다면
내 영혼 속에 뜨거운 불꽃으로
참삶을 살았노라 훗날 끝에
흡족한 미소 영원할지니

김인녀

사랑의 환희

어느 날부터 가슴이 뛴다
그늘져 음산하고 적막하던
삶의 뒤안길에 태양이 환히 비친다

어느 날부터 가슴이 울렁거린다
봄이면 찾아오는 계절의 탓이 아닌 듯
순간순간 불덩이 같은 열정 타오른다

어느 날부터 밤하늘의 별이 빛난다
캄캄하던 밤하늘에 별이 반짝이고
불붙는 열망이 가슴 비집고 들어온다

어느 날부터 기쁨의 눈이 번쩍 뜨인다
의욕과 정열 넘치는 눈빛 사랑해서
행복했노라 울부짖고 싶나니

사랑한다는 것은

사랑한다는 것은
모든 것을 내어주는 것이다
원하는 것을 먼저 묻는 것이다
모든 행동을 신뢰하는 것이다
의견을 존중하는 것이다
상황을 배려하는 것이다
편의에 양보하는 것이다

사랑한다는 것은
눈을 빛나게 하는 묘약이다
기운을 용솟음치게 하는 신비다
세상을 다 갖는 듯한 자신감이다
희생을 기쁨으로 만든다
무한한 기다림이고 외로움이다
가슴을 도려내는 아픔이다

김인녀

사랑의 향수

철없는 어린 나이에
그대를 만나 살림살이를 하니
밥 한번 안 해본 터라
매사가 어설프고 두려웠지만
용기를 낼 수 있었던 것은
순수한 사랑의 힘이었다

처음 끓인 콩나물국
간을 못 맞췄어도
그대는 시원하다며 다 드셨고
검은 시래기 된장국이 텁텁해도
생 된장이 구수하고 맛있다고
칭찬을 해 나는 기분이 좋았다

양복점에서 맞춘 양복이
밀가루 범벅이 되어도
구호 밀가루 포대를
마다 않고 메고 와서
가난한 살림에 큰 보탬이 되니
나는 매우 감동이었다

사랑의 묘약을 먹은 듯이
그렇게 우리는 고운
사랑의 꽃을 피웠고
알콩달콩 영원할 것 같이
행복한 나날이었다

김인녀

새벽을 기다리다

세상사가 엇갈리고 암울해
잠이 오지 않으면 막연히 내일에
기대며 그대를 기다리나니

비를 맞으며 뒤도 보지 않고
떠나간 님은 깊은 정이 미워도
그대 오는가 창문을 넘본다

산천초목이 가뭄에 목이 탈 때
목을 길게 빼고 기다리는 이여
단비를 기다리듯 그대 갈망하듯

어둠을 삼키는 수평선의 여명이
암울한 내 가슴에 한 줄기 빛이듯
푸른 꿈이 그대를 갈구한다

삶은 희망이다

악몽을 꾸어도
아침은 오고
햇살은 찬란히 빛나며

세상이 끝난 듯해도
폭풍이 지나면
하늘은 더 높고 푸르다

인생이 제아무리
어깨를 짓눌러도
아가들은 무럭무럭 자라고

역경이 지나면 기쁨이 오리니
고통이 있어도
삶은 푸른 희망이다

김인녀

숲속 여름의 숨결

행복을 짊어진 행렬이 줄을 잇고
해님이 초록 잎과 숨바꼭질하고
나뭇가지 그림자 속에
매미 소리 새소리 까마귀 소리
가득 출렁인다

윤동주의 코스모스 시화(詩畫) 판넬이
숲 길가 나무 밑에 쓸쓸한데
무심한 나의 마음을 끌고
연인 같은 쌍쌍이 뒤따르고
수다스런 처자들이 이어지며
숲속이 스산하다

상큼한 바람은 나뭇잎을 흔들고
여름 장미가 산책객을 반기며
나무와 나무 사이로 보이는
자전거 부대가 끝없이 이어지고
인라인스케이트장에 어린이가
넘어지며 까르르 웃는다

숲길 아래 흐르는 개천에는
흰 물새 한 쌍 사랑 유희 물결 지고
미루나무 위 둥지에 새끼까치
먹이를 달라고 주둥이를 벌리고
어미를 찾아 울어 대는데
나는 숲 향기에 취해 몽롱하다

김인녀

세월의 수레바퀴

새해라고 기분이 들떠 웅성일 때
세월의 수레바퀴는 쉴 틈 없이
덜커덕덜커덕 저만치 가고 있다

질곡의 가시가 가슴을 찔러도
새해에 복 많이 받으시고
부자 되라고 건강과 행복을 빈다

오늘이 어제와 같고 내일은
오늘과 다를거야 허나 또
새 다짐의 한 새해를 맞는다

전장의 병사처럼 삶이 달리는데
세월의 수레바퀴는 덜컹덜컹
해지는 등성을 무심히 넘어간다

수련이 피다

조용한 아침 안개 자락 틈으로
살포시 수련이 잎을 펴고
고개를 들며 꽃 입술이 벙근다

지난밤 꾼 고운 꿈을 반추하며
하루 내내 시간이 흥겹고
그대 맞을 기대에 미소가 번진다

풀꽃 얼게 빗으로 머리 다듬고
맑간 이슬로 분 단장하니
우아하고 눈부시다

수련의 아름다움에 취해
쓰담쓰담 볼에 볼을 비비니
가슴이 울렁 사랑의 떨림이다

김인녀

시간은 목숨이다

시간은 눈에 보이지 않고
냄새가 없어도
언제나 있다

슬프거나 즐겁거나 만질 수 없고
시간은 소리 없이
제 갈 길을 간다

시간은 지칠 때도 없고
땡땡이칠 때도 없이
시간은 쉴 때도 없다

시간이 안 오는 날은
내가 이 세상에 없는 날
시간은 목숨이다

오늘도 걷는다

세상만사 훌훌 떨쳐 버리고
바람 속에 지나간 추억의 길을
오늘도 걸어간다

굶주림의 눈물이 슬펐고
미움의 마음 아픈 길도
풍파의 고난도 아린 추억이다

눈물의 아픔도 괴로움도
행복을 향한 몸부림에
축복의 시련길이었다

오늘도 무상무념으로
장미 꽃향기를 끌어 안고
오늘의 길을 걷는다

김인녀

오늘

이부자리 속에 눈을 뜨면
창 가득 황금 햇살이 날 반긴다
이 얼마나 찬란한 오늘인가

어두운 밤을 이긴 아침 꽃들
상쾌한 아침 인사를 한다
이 얼마나 즐거운 오늘인가

지친 어제를 보낸 영롱한 진주들
폭풍의 지난밤 염려 문안 인사다
이 얼마나 복된 오늘인가

여기저기 헤매는 아픈 영혼에
높고 푸른 하늘이 시 한 수 읊는다
이 얼마나 아름다운 오늘인가

봄꽃보다 더 고운 가을날
붉은 향기 가득한 삶이다
이 얼마나 향기로운 오늘인가

오늘은 금방 가고 다시 안 와도
나는 매일 당신을 만나니
이 얼마나 행복한 나의 인생인가

우주는 만물의 놀이터

멍든 파도는 푸른 바다에서 춤추고
나뭇잎은 나뭇가지에서 그림자를 나풀거린다
갈대는 뼈신 바람을 울리고
개구리는 질척한 웅덩이에서
폴짝폴짝 재주를 넘는다
낮달은 울상으로 해님을 엿보고
달빛은 어둠 속에 사랑의 연가를 부른다
짐승은 큰 먹잇감에 목숨 걸고
사람은 목숨줄에 목을 맨다
이렇듯 우주는 만물의
놀이터다

김인녀

이별의 노래

가득 차 있는 내 마음의 방에서
격렬히 저항하지만 그대를 보내고
그림을 하얗게 지우는 거다

머릿속에 새겨진 그대 생각을
깨끗이 백지화 하고
가슴속에 새겨진 그대 모습을
끌로 갈가리 갈아내 없애는 거다

그대와 쌓은 추억을
저무는 노을 속에 띄워 보내고
그대를 만나 앓은 열병을 치유
초심으로 돌아가는 거다

그래서 내 안에 그대는,
더 이상 없고 나는 더 이상 그대를
기다리지도 찾지도 않고
절벽을 마주하고 고뇌하는 거다

결국 이별은 아프고 가혹하지만
새로운 만남의 모티브가 되고
자기를 돌아볼 성찰의 기회가
되기도 하는 거다

추억이 서리다

저 언덕 위에 외딴집 한 채
의연하게 비바람 견디고
낡은 계단에는 세월의 무게를
여실히 말하듯 귀퉁이가 헐었다

수년 전에 계단에서 낙상한 노파
휘청이는 걸음을 기억하고
청청한 하늘에 밝은 햇살도
잊은 듯 지난 발자국 소리 더듬는다

도련님의 글 읽는 낭랑한 소리
또렷이 벽과 천장 마음속에
남녘의 따순 입김 언 땅 포옹할 때
도련님 혼삿날 고운 모습 선하다

갱엿치다 날린 손구락 아픈 상처
광벽은 또렷이 품고 있고
눈에 보이지 않아도 필름처럼
그곳에 추억은 서려 살아있다

김인녀

인생 2막

그대 떠난 날 밤은 한여름인데도
너무 춥고 떨려 잠이 오지 않았다
그대가 없는 삶은 살 수 없고
생각해본 적도 없었다
겉으로는 강하고 독립적이나
내면이 약하고 전적으로 의지해
그대의 틀에 확실하게 기대
오늘까지 타성에 젖어 있었다

삶이 막막해질 무렵에
어느 가수의 '순간은 지나가고
다시 오지 않는다'는 노래에
정신이 번쩍 들어 고개를 든다
마침 유명한 박사 교수님의
특별 강의가 있어 운좋게도
전과 전혀 다른 신선한 분야인
시 무대에 오르는 행운을 안는다

미숙하지만 현대시선 대상도
초희 허난설헌 금상 등 수상했고
이제 나의 새로운 삶이 시작
꿈에서도 눈을 떠도 새 분야에서
뒹굴며 하루가 짧아 안타깝다

외롭고 적막할 틈새 보이지 않고
혼자라도 나름 보람있고 값진
인생 2막 커튼이 서서히 오른다

김인녀

인연

세상을 살아가는 동안에
많은 사람을 만나고 스치지만
잘생겼다고 마음이 곱다고
좋은 인연이 되는 것은 아니다

눈에 보이지 않는 것이
손에 잡히지 않는 것이
한번 맺은 인연은 소중하고
정성으로 귀히 다듬을지니

인연을 다독이고 쓰다듬으면
성숙한 인격의 면모를 보게 되고
상호 이로운 관계를 이루는
밑거름이 된다

삶의 질이 높아지기도 하고
신분 상승에도 한몫이 되기도 해
세상사에 도움이 될 것이니
고은 인연은 복된 고리이다

재회

애정은 몽글몽글 솟는
옹달샘의 감로수인가 봐

꽃은 피고 지고 세월은 쉼 없이 가도
가슴에 항상 그리움의 그림자 지울 수 없구나

다시 보는 재회의 기쁨으로
웃음이 만발하고 옛이야기 꽃피우자

아픈 사연은 감추고 고운 추억 가꾸어
친구야, 세상 시름 잊자구나

다시 우리 재회하는 날
꽃 물든 그날의 기쁨을 꿈으로 엮어 가자구나

김인녀

하늘을 봅니다

삶이 지치고 원하는 일이 꼬여
어려움에 처해 가슴이 답답할 때
하늘을 봅니다

그리움이 차올라
애타는 마음 사무칠 때
하늘을 봅니다

등 뒤에서 살그머니 포옹하던
그대가 보고 싶을 때
하늘을 봅니다

들꽃처럼 늘 환히 웃으며
보듬어 주고 포옹해주던 그대 얼굴
하늘에서 봅니다

하늘을 우러러

연약한 우리네 나날이
무탈하길 비는 마음으로
하늘을 향해 매일 매일 조용히
울부짖는다

언젠가는 날개를 달고 훨훨
푸른 하늘을 날 야망을 품고
허전하고 냉한 마음을 뜨겁게 달군다

황금빛 가을걷이를 꿈꾸며
황량한 들판에 씨를 뿌리고
허약한 몸으로 비바람과
힘겨루기 한다

방대한 자연 앞에 티끌 같은 인생
항상 미래를 알 수 없어 불안한 삶
넓은 하늘을 우러러 안위를 기원한다

김인녀

한때

한때 가장 사랑한 연인이
가장 미워하는 사람이 된다
한때 잘 나가던 친구가
먹고 사는 것이 궁색하다
한때 이름 날리던 배우가
거리에 노숙인이 된다
한때 젊음을 뽐내던 청춘이
초라한 백발의 군상이 된다
한때는 누구나 있지만
잘 나가는 한때를 잘 요리해야
말년이 평화롭다는 것은
산 진리이고 뼈에 새겨야 할 가르침이다

해변의 연정

푸른 파도가 해변의 모래 위에
부서질 때, 작열하는 태양 아래
그대 그리움에 물결친다

바다 갈매기도 울어 에이고
연인들 밀어가 노을빛에 물들고
그대 눈동자는 빛난다

드높은 하늘에 흰 구름도
한가로이 푸른 바다 푸른 물에
연정이 질펀하다

그대 붉은 연서가 해변에
꽃구름처럼 피어 오르고
사랑이 뜨겁게 익어간다

김인녀

환희

인생이 아무리 버거워도
예쁜 그대가 있는 곳에는
환한 빛이 있다

고통스런 일이 있어 힘들어도
그대 따스한 입김에 희망의 꽃이 곱게 핀다

지치고 아파 거동이 버거워도
그대의 눈빛이 삶의 기쁨 되어
벌 나비 꽃 찾듯이 가슴에 안긴다

그대는 즐거움이고 행복이니
언제까지나 그대 내 곁에 있어요
영원한 나의 사랑이니까

회포

그는 종종 전화로 말한다
보고 싶고
보고 싶다고

차곡차곡 접어 두라고 한다
평안한 날에
갈피갈피 펴 보고저

한 잎 두 잎 펼쳐질 적마다
장미처럼
아름답고
라일락처럼
향기롭게

그날에 피어나리니
웃음꽃으로
활짝

김인녀

희망은

희망은
어둠을 이기고
수평선에 꽃 빛 물들이는 태양처럼
푸른 꿈으로 넘실거린다

희망은
아픈 불행 중에
거리를 헤매고 있을 때 한 줄기 빛을 만나
달려 나가는 용기이다

희망은
생명을 다해 이룬
높은 탑이 무너져 절망에 울 때
가늘게 타오르는 열정이다

희망은
가난으로 굶주림에
피골이 상접하고 암울한 일상에서
탈출하려는 의욕이다

희망은
암울한 삶의 현실에서
밝은 꿈 꾸어 푸른 미래가 활짝 웃는
신의 축복이다

희망의 꽃씨를 뿌리자

산책로 강변에 꽃씨를
뿌렸다는 팻말 따라
유채꽃의 노란 미소가
나비처럼 살랑이며 반긴다

지난 가을에 뿌린
보리 씨앗이 겨울 한설 이겨내
봄 대지에 물결치며
들녘을 푸르게 물들인다

텃밭에 상추씨를
뿌렸더니 봄을 싹트이고
여름 내내 천금채가
풋풋한 입맛을 탐한다

포슬포슬 녹아내리는
마음의 밭에도 영원히 지지 않는
삶의 고운 꽃이 피게
푸른 희망의 꽃씨를 뿌리자

김인녀

파도여

잠못들고 밤새 포효하는 것은
참사랑 갈구하는
처절한 몸부림이다

사랑의 고독은
푸르게 멍들고
가슴을 깊이 할퀸다

해변에 우뚝 선 돌바위
모래톱에 찰삭찰삭
질긴 고뇌가 부서진다

사랑을 위해 부서지고 깨져도
뜨거운 가슴을 열고 울부짖어라
푸른 파도여

파도

파도는 밀려오고
파도는 밀려가고
세월을 등에 업고 출렁인다
바닷가 여기저기 청춘의 웃음꽃 만발한다

파도는 밀려오고
파도는 밀려가고
조용한 모래사장을 적신다
푸른 희망의 나팔 소리 천지를 울린다

파도는 밀려오고
파도는 밀려가고
바위를 만나 하얗게 부서진다
그렇게 젊음은 기울어도
동산에 오색 단풍은 물든다

파도는 밀려오고
파도는 밀려가고
삭풍이 낡은 기둥뿌리를 흔든다
모두 다 떠나고 싸한 고독이
하얀 고개를 내민다

김인녀

건방 떠는 넝쿨장미

아파트 입구에 늘어진
붉은 넝쿨장미 아가씨
소담스런 웃음 웃으며
오가는 이들을 반기며
스캔한다

출근하는 소녀가 시간에 쫓겨
머리는 부수수 화장도 못한 채
허둥대며 서두는 모습에
칠칠맞고 밥맛이란 듯
고개를 돌린다

나이가 지긋해 보이는 짙은 화장에 어깨에 힘주고
짧은 치마 꼭낀 셧츠 걸친
아줌씨에게 기분이 상했나 입술을 삐쭉 내민다

한 신사가 한 손에 지팡이 짚고 고개를 높이 들고
거드름 피며 아가씨에 수작을 거니 장미가시가
때와 장소를 가려야 한다고 일침을 놓는다

희망의 별

캄캄한 밤하늘에
별도 안 뜨고 되는 일도 없으니
가슴이 답답하고
앞날이 눈물겹게 암울하다

험난한 세파에도 작은 쪽배를
열심히 저어가는
자녀들이 있어
마음을 따뜻하게 위로한다

부족해도 각자의 자리에서
부끄럽지 않은
미래를 조립하고
우리 서로 희망의 별이 되자

김인녀

4부. 코로나의 일침

뭉치면 산다던 말은 어디 가고
모이면 죽는다고 사람 사이에
거리 두기와 외출 금지 빗장 건다

비대면 관계의 단절로 경험 못 한
상황에 대비를 해야 한다는
시련의 경고다

        코로나의 일침 중

코로나의 일침

험난한 길에 새 발자국을 찍으며
앞으로의 따끔한 가르침으로
아프게 한다

매 순간 숨 쉬고 먹고 자고
사소한 일상의 행복을 깨우치려
코와 입에 마스크를 씌운다

뭉치면 산다던 말은 어디 가고
모이면 죽는다고 사람 사이에
거리 두기와 외출 금지 빗장 건다

비대면 관계의 단절로 경험 못 한
상황에 대비를 해야 한다는
시련의 경고다

코스모스 연가

발그레 핑크빛 보조개를 지며
고개를 살짝 숙이고 꿈에도
못잊을 그 님을 기다린다

기다려도 기다려도 님 오지 않고
뿌연 흰 구름 날려도
기다리는 마음은 그저 기쁨이다

맑은 이슬로 곱게 단장하고
소슬바람에 가녀린 꽃잎이
사르르 떨면 고운 미소 번진다

구름이 흐르는 틈새로 고개 돌려
님 향한 그리움은 사랑의 꽃으로
웃음 활짝 행복이 만개한다

김인녀

허수아비의 회상

허허벌판 빈 들녘에는
초겨울 바람으로 허수아비 가슴이 춥기만 하다

화살 같은 햇살 정수리를 태우고
참새 떼가 뒤 목을 쪼아도 그것은 삶의 희열이다

푸른 들녘에 날로 영그는 알곡은
기쁨이고 자랑이고 자부심이고
사랑의 옹달샘이다

땀에 젖어 기진해도 논뚝은
무엇보다 더 즐거운 일터이고
새참은 꿀맛인 듯 미소가 스민다

떠나간 알곡 고운 추억에 젖어
옷깃을 여미며 희뿌연 하늘에
쓸쓸한 회상을 그린다

이 가을은 우울하다

창이 아직 아스름 컴컴한 것이
해님도 늦잠을 자고 있는가
내 마음도 어둑어둑 가라앉는다

잠이 덜깨서 인지 매사 시큰둥
식솔이 없으니 찬도 썰렁하고
온통 으스스 찬바람만 인다

길에 떨어진 낙엽은 추운 북풍에
이 구석 저 구석 쓸려 흩어지며
처절한 울음 가슴 저민다

시국 탓으로 못 가본 당신 생각에
야멸찬 돌덩이가 매달리는 듯이
마음이 아프고 눈시울이 뜨겁다

김인녀

촛불

연인을 위하여
환희의 눈물을 흘리며
환하게 웃음꽃 피우며
온몸을 한 방울까지 태워
기쁨의 불꽃을 날린다

내 님을 위하여
뜨거운 햇살처럼 열정 어린 애정
언 가슴을 녹여주는 숨결이고
온몸을 태워 목숨 바치는
사랑의 꽃불이 되리라

착각은 못 말려

꽃은 나를 사랑한다
좋은 일이 있으면 꽃이 먼저 웃고
슬픈 일이 있으면 꽃이 고개 숙여
푸념을 한다

꽃밭에서 핀 꽃에 취하니
꽃이 된 듯 가슴이 부풀고
향기에 젖는다

푸른 하늘에 꽃구름 날 듯
흰 나비 이꽃 저꽃 희롱하더니
내 머리에 살포시 앉았다

내가 꽃인 줄 아나 봐

김인녀

창백한 외로움

멍든 파도가 출렁이는 바다 위
수평선 근처 외딴섬 하나
낙엽처럼 풍랑에 흔들린다

햇빛 쏟아지는 밝은 대낮에도
칠흙속인냥 갈 길을 찾지 못하는
영혼을 잃은 나그네 갈팡인다

사랑하는 이를 떠나보냈기에
한여름 무더위 한참인데도
가슴에 겨울의 눈보라가 인다

많은 군중 가운데 있어도
친구도 없이 아픈 마음 숨기고
가슴 시린 이방인 홀로 헤맨다

저무는 하루

아침 해가 뜨면 뜨거운 하루에
삶의 엔진이 푸른 시동을 건다

교통의 홍수를 겨우 헤치고 와
하루 스케줄에 철저히 점령된다

외국 바이어나 메이커와의 약속이나
생산의 진행은 어떤지

조목조목 이것저것 기록
필요한 답장 팩스 일일이 날리고

하루의 일이 마무리될 즈음
해는 노을을 밟고 서산을 넘는다

저무는 하루 녹초가 되도 다시
내일의 등불에 심지를 돋운다

김인녀

사람은 가도 정은 남아

한참 선배 언니가
예기치 않게 집 전화로
전화가 와서 근혜 대 선배님이
소천하셨다는데 모르고 계셨다며
황망히 말끝을 흐린다

카톡 동문 사이트에
부고가 떠서 내가
고인의 명복을 빕니다 하고
마지막 배웅을 카톡으로 했더니
방금 다른 후배한테 들었다며
울먹인다

어쩌냐 마지막을 못 뵈어서
너무 마음 아프고 아쉬워하며
열정적으로 동문 일을 챙기고
후배들을 아끼던, 사랑이 꽃처럼
가슴에 피어오르는 듯했다

소화가 잘 안 되어
고기를 저미고 떠 주며
드셔야 기운 차리고
거동하신다며 부축해 주고
지극정성 성의와 열을
유독 아낌없이 드렸는데
그 깊은 정 어이하리

김인녀

별이 빛나는 밤에

별이 빛나는 밤에
파저리 같은 피곤이 쌓여도
잠은 멀리 이사 갔나 소식이 없다

별이 빛나는 밤에
밤바람은 싸늘한데
풀벌레 소리만 창공에 가득하다

별이 빛나는 밤에
이웃집에 개는 요란히 짖고
그대 속삭임이 귓가를 맴돈다

별이 빛나는 밤에
떠나간 님 생각에 눈물짓고
그대도 하나뿐인 영원한 내 별입니다

꿈꾸는 나무

찬바람이 나뭇잎을 다 휩쓰는
황량한 거리에 움츠리지 않고
하늘에 닿을 의욕 무르익는다

침묵의 겨울이 혹독할수록
단단히 담금질 하고 세상을 읽는
푸른 희망을 잉태한다

따뜻한 봄 햇살이 마른 가지에
내려 포옹하면 싱그런 초록 잎새
곱고 붉은 꽃을 피울 것이다

땅속 깊이 실뿌리를 뻗고
푸른 꿈의 속살을 찌우는 계절에
사랑의 꽃눈을 가지마다 새긴다

김인녀

가을에 물들다

반복되는 일상에 오늘
유난히 마음이 허탈해
푸른 하늘에 빛나는 햇살 아래
창가로 의자를 끌어당겨
해바라기 한다

은행나무 가로수가 모두
황금빛 외투로 갈아입고
나를 쳐다보며 웃는데 어느새
그렇게 물이 들었나 생각하는데
사르르 잠이 온다

잠깐 사이 노란 은행잎이다
노랑 병아리가 되어
놀자며 내게 안겨 오는데
너희처럼 꿈같은 어린 시절이
나도 있었다며 회한에 젖는다

한참 시간이 섬광처럼 흐르고
나도 노랑 병아리가 되어
넓은 정원을 뛰고 뛰며
땀에 온몸이 젖고 햇볕에 익어
얼굴이 가을에 물들어 간다

가을 사랑

몸살에 몸이 휘청여도
태양을 등에 업고 그대 향한 뜨거운 연정
새파란 하늘 위에 그린다

쇄진해지는 햇살의 아쉬움이
그대의 야위어 가는 모습인가 싶어
마음이 가시에 찔린 듯 아프다

코스모스 진다고 울지 말아요
삭풍이 불어온다고 숨지 말아요
낙엽이 떨어진다고 가지 말아요

태양이 사랑의 화살 날리는 한
내 늦 사랑의 꽃은 가슴에 영원히
찬란하게 피어오를 테니까요

김인녀

첫눈

저 멀리서 오시는 손님처럼
기다려지며 가슴 설레는
첫눈은 신비한 기다림이다

첫눈은 애절하고 안타깝고
기다림이 목마른 그리움 되는
눈물겨운 간절함이 있다

첫눈 오던 날 만난 첫사랑의 전율
보고 싶어도 볼 수 없는 그 사람
첫사랑의 애달픈 그리움 이리라

세월에 멍들고 흩어진 모습에도
첫눈은 첫사랑같이 늘 새롭고
못 잊는 사랑의 향수가 숨어 있다

첫 새벽

상큼한 아침 바람이 볼을 핥고
어둠을 사르는 새 빛이 살며시
윙크한다

첫사랑의 달콤한 입맞춤이
영원한 환희의 솜사탕처럼
사랑의 첫 발자국이다

여명을 가르는 청아한 종소리
희망을 부르는 새들의 노래
영광의 길이 열린다

산 위에 나뒹구는 검은 돌에서
보석을 찾는 눈빛이 환하고
아름다운 순간의 번득임이다

그대여
꿈을 향해 달려라
정상에 광명의 승리가 기다린다

김인녀

눈물아

억전에서 오징어 찐 고구마를 팔아야
시래기 보리죽 풀칠도 어렵던 배고픈
열 살 남짓 어린 피난 시절은
부끄럽고 창피해 눈시울이 붉어지고
눈물이 앞을 가린다

젊어 고생은 돈으로도 못산다는데
나는 고생을 거저 가졌으니
감사 해야거늘 장학금으로
학비를 면제받으려 밤낮 책상에 붙어 산
학창 시절은 어떻게 지나갔는지
점심을 굶어 허기진 심신
월말고사 역사 시간에 졸도한 기억
아파 눈물이 난다

돌아보면 뜨락에 꽃이 만발하여
빨간 꽃 빨갛게 웃고 하얀 꽃 하얗게 웃으며
나의 회사도 시류를 잘 타 모든 삶이
순탄했으니 행복이었고
축복의 연속이었다 하리
나의 눈물은 아픔의 눈물인가
행복의 눈물인가 살도 볼에 올랐으니
이제 멈추어다오
아픈 눈물아 눈물아

눈이 덮인 광야 저편에

카페에는 뜨거운 커피가
흰 깃발을 휘날리고
유리창 넘어 펼쳐지는 광야
흰 눈의 행진이 하얗게 빛난다

언덕 아래에 늘어선 나무 위에
드문드문 성냥갑 같은 지붕 위에
하얀 눈이 보료처럼 널려있다

한 젊은이가 썰매를 타고
그 사이를 헤집고 지나가니
일제히 흰옷 입은 나무들이
박수를 친다

멀리 산허리에 흰 띠를 두른 듯
눈 그림자 길게 드리우고
눈이 멎은 골짜기
나무들 사이로 푸른 보석 같은
광채가 빛나고 저녁놀 고운 빛
서산에 길게 눕는다

김인녀

눈 내린 아침

간밤에 누가 밤새 빨래를 했나
흰 옥양목 온 운동장에 지붕 위에
하야니 널려 있다

아침 해가 떠오르니 반짝반짝
눈을 깜박이며 반갑다고
아침 인사를 한다

뽀얀 안개가 되어 다소곳이
사랑한다고 속살대니 행복이
피어오르고 아침이 상쾌하다

빛바랜 세월 속에 옹이진
아픔도 고통도 맑갛게 사라지고
사랑의 가슴 바다에 눈꽃이 핀다

눈보라

흰 무리가 저 멀리서 뭉쳐
휘몰아치고 길가의 가로수들
얼굴을 가리고 앞을 휘갈긴다

노도가 밀려오듯이 외치며
산꼭대기의 새들도 놀라
허공에서 몸부림치며 울어옌다

언덕배기에 몰려 있던 가랑잎들
와스스 이리 몰리고 저리 몰리고
흰 바람 속으로 숨어 목이 메인다

흰 눈보라 세지는 이맘때가 되면
두 연인의 사랑이 더 깊어졌던
사랑꽃 피우던 때로 깊이 빠저든다

김인녀

흰 눈이 내린다

흰 눈이 고요히 내린다
옛사랑 못잊어 가슴 에이는
그리움이 뭉클 솟는다

흰 눈이 소리 없이 내린다
그대와 거닐던 오솔길 위에도
그대 숨결처럼 흰꽃을 피운다

흰 눈이 나풀나풀 내린다
그대의 하얀 정이 속삭이듯
그대 고운 음성 귓가에 소근댄다

흰 눈이 사뿐사뿐 내린다
그대 고운 사랑으로 감싸듯
포근하고 익숙한 가슴에 안긴다

흰 눈이 소복소복 내린다
그대를 향한 애끓는 사랑이
더 큰 그리움으로 쌓이고 쌓인다

흰 눈

맑고 순수한 흰눈
세상을 하얗게 허물도 덮어주는
하얀 눈이여

그대 있는 곳은 그대처럼
깨끗하고 투명해 마음도
사랑으로 가득찬다

그대는 마음과 마음을
이어주는 고운 영혼의 천사처럼
세상을 아름답게 한다

화해와 용서의 자애로운 가교로
험난한 세상에 사랑의 씨앗을
듬뿍 심는다

김인녀

함박눈

정원에 앙상한 겨울나무들
갑자기 하얀 흰꽃을 활짝 피워
때묻은 세상에 하얀 매직
퍼레이드 소복하다

지나가는 도심의 차량들도
모두 흰 면사포를 쓰고 흰 차도를
하얗게 연기 뿜으며 거리의 하얀
향연을 펼친다

행인들의 검은 우산도
하얀 모자를 쓰고 하얀 눈 속을
하얀 마음 하얀 춤을 추며
하얀 꿈을 노래한다

오랫동안 갇혔던 연인들이
손에 손잡고 빈 언덕을 메우고
하얀 사랑으로 하얀 봄 향기를
부른다

온 세상이 함박눈의 하얀 마술에
해맑은 눈길 하얀 동화 나라로
엄마 품속처럼 함박웃음이 포근히 만발한다

하얀 사랑의 추억

흰 눈이 내립니다
푸르렀던 산천도 퇴색한 도회도
새하얀 옷을 갈아 입습니다

흰 눈이 내리면 그대 생각에
이리 뒤척 저리 뒤척
긴밤을 새하얗게 지샙니다

그대 주머니에 손을 넣으면
내 언 손을 따뜻하게 녹여주고
힘주어 내 마음도 녹습니다

그대 발자국을 찾아 헤매일적에
눈 덮인 그대 음성 메아리치고
진한 그리움 하얗게 피어납니다

끝없이 펼쳐지는 흰 눈의 향연
눈보라만 볼을 차갑게 할퀴고
흰 구름떼 하늘 저 멀리 떠갑니다

김인녀

시해설
그리움과 희망의 서정
_시인 김인녀의 시세계

김운향 (문학평론가)

그리움과 희망의 서정
― 시인 김인녀의 시세계

김운향 (문학평론가)

  김인녀 시인의 시 세계에는 삶의 의지가 있고, 가족과 고향이 있으며, 일상에 대한 따뜻함이 있다. 그의 시는 편안하게 읽히는 듯하지만, 결코 가볍지 않는 깊은 울림으로 다가온다. 김인녀 시편들의 주된 제재는 사랑과 그리움이다. 그의 어느 시를 읽어도 사랑과 그리움의 기도라는 사실을 알 수 있다. 김인녀 시인은 지고지순한 한국의 여인으로서 긴 세월을 살아오면서 삶을 반추하고 추억을 노래하는 애달픔과 여성적인 부드러움으로 순박한 감수성을 여과 없이 드러낸다. 사랑과 그리움의 언표는 순수한 인간의 본질이며 꾸밈없는 진실이다.
  그의 시는 어느 날 갑자기 하늘로 떠난 남편으로 인하여 공허하고 아픈 마음을 삭이기 위한 사랑의 시, 참사랑을 갈구하는 사부곡(思夫曲)이다. 사랑하는 님을 여윈 이후 삶의 곳곳에서 만나는 "반려자"를 시로 그리고 있다. 〈흰 눈이 내린다〉, 〈하얀 사랑의 추억〉, 〈하늘을 봅니다〉, 〈다시 피는 꽃〉, 〈님은 떠나고〉, 〈첫눈〉, 〈봄눈〉 등등의 제목에서 알 수 있듯이 이 시집은 생활에 스며든 그리움들이다. 굳이 주장하는 바 없이 차분하게 기억을 관조하는 자세가 '이별'에 순응하는 모습으로 드러난다. 그는 자신의 아픈 사연도 고운 추억으로 엮어가면서 스스로를 들여다보는 작품이 주를 이루고 있다. 그래서 그의 시는 자신을 반영하며 삶과 고뇌를 보여 주면서 용기와 희망을 염원한다. 그는 코로나 팬데믹 시대에 쓴 시를 포함하여 총125편의 시를 보내왔다. 그의 사랑시가 가슴에 와 닿는 이유는 언어의 완벽한 형상성이나 이미지에 있기 보다는 상징이나 비유에 신경 쓸 필요 없이 단순 소박하고 솔직담백한 그리움의 독백 혹은 사랑의 고백이기 때문일 것이다.

조용한 아침 안개 자락 틈으로
살포시 수련이 잎을 펴고
고개를 들며 꽃 입술이 벙근다

지난밤 꾼 고운 꿈을 반추하며
하루 내내 시간이 흥겹고
그대 맞을 기대에 미소가 번진다

풀꽃 얼게 빗으로 머리 다듬고
맑간 이슬로 분 단장하니
우아하고 눈부시다

수련의 아름다움에 취해
쓰담쓰담 볼에 볼을 비비니
가슴이 울렁 사랑의 떨림이다

              --〈수련이 피다〉전문

 꽃은 생명력이 넘치는 가장 아름다운 자연의 얼굴이면서도 스스로 아름답다는 표현을 하지 않는다. 꽃의 개화를 지켜보며 가슴이 울렁이는 것을 체험한 시인의 직관 투시의 감수성이 수련 속에 내재된 미적 세계와 상응하고 있다.

김운향

김인녀 시인은 열심히 살아온 개인사적 영향 때문인지 그의 시에는 봄날 같은 따뜻함과 평안함이 녹아 있다. 그의 시는 단순한 사실이나 사물을 단순한 언어로 간결하게 처리하려는 형식적 특징이 있다. 단순하다는 말은 시의 본령과 통한다. 시는 원래부터 단순한 사물이나 사상(事象)을 통해서 감지된 언어의 절제미에 있었기 때문이다. 시의 일관된 경향을 보여 주는 것이 있다면 그의 시는 생활의 편린들을 모아서 평이한 언어와 서정적 풍경을 결합하여 표현하고 있다. 따라서 독자들은 부담 없이 읽고 아늑한 위안을 받게 된다. 하얀색 보라색에서 밝은 빛을 추구하며 연두색 초록색으로 넘실대는 그의 시 속에는 많은 꽃들이 등장하는데 장미와 아카시아 연꽃 제라늄 수련 매화 백일홍 진달래 연산홍 벚꽃 해바라기 코스모스 풀꽃 눈꽃 사막의 꽃 등이 있다. 자연의 풍경 속에서 여러 꽃들에게 관심을 갖고 그 아름다움을 발견하고 인식하는 것은 인간의 본능이다. 꽃은 기쁜 일, 슬픈 일을 모두 아우르는 존재의 표현이다.

오월은 장미의 계절이라고
하지만 아카시아꽃을
빼놓을 수가 없다

보릿고개가 너무 높아
끼니를 건너 뛰는 날이면
아카시아꽃이 힘이 되었다

아카시아꽃 따 먹기
내기에 지면 딱밤 벌칙에

찔끔 눈물나도 즐겁기만 하다

이마가 벌겋게 부풀어도
그녀는 아카시아꽃 그늘에서
눈을 반짝이며 활짝 웃는다

수십 년의 세월은 가도
그 눈동자 그 웃음은 내 가슴에
영원한 아카시아꽃 그늘져 있다

―― 〈아카시아꽃 그늘〉전문

  꽃은 하나의 작은 우주이며, 사랑의 화신이다.
  김인녀 시인을 꽃에 비유하자면 그는 아카시아를 닮았다. 끈질긴 생명력을 가진 아카시아는 뿌리가 강인하여 원초적 그리움으로 봄이면 온 산에 하얀 꽃을 피우며 향기를 자아낸다. 벌 나비를 불러서 꿀을 만들어 가족과 이웃들에게 베풀고, 꽃의 아름다운 향연을 누리며 본인의 생업도 열심히 하는 성실함이 엿보인다. 사계절의 자연 속에서 특히 겨울에서 여름으로 건너 오는 삶의 희망과 긍정의 힘이 담겨 있다. 그는 여류시인 특유의 온화한 성격과 모성적 포용력으로 투명한 이미지와 평이한 언어를 구사하고 있다.

세상만사 훌훌 떨쳐 버리고
바람 속에 지나간 추억의 길을
오늘도 걸어간다

굶주림의 눈물이 슬펐고
미움의 마음 아픈 길도
풍파의 고난도 아린 추억이다

김운향

눈물의 아픔도 괴로움도
행복을 향한 몸부림에
축복의 시련길이었다

오늘도 무상무념으로
장미 꽃향기를 끌어 안고
오늘의 길을 걷는다

--〈오늘도 걷는다〉전문

 삶이란 고해이며 영원한 시간과의 투쟁이 될지라도 이 시에서는 '시인의 길'을 굳건히 걸어가고자 하는 순수한 시인의 열망이 돋보인다. 걷는다는 것이 건강의 기본이며 사색의 자세이다. 걸으면 살고 누우면 죽는다는 말이 있듯이 꾸준히 걸으면서 느긋하게 사는 것은 장수의 지름길이다. 일주일에 5일 이상 걸었던 사람들은 그렇지 않은 사람에 비교해서 병이 나더라도 신속하게 낫거나 증상도 가벼웠다는 통계가 있다. 걸으면서 시를 생각한다면 금상첨화이다. 시는 인간 존재의 표현이므로 인생의 본질을 파악하고 그것을 더욱 가치 있고 아름답게 추구해서 진리 및 진실을 밝혀줌으로써 생의 감동, 감화를 전하는데 있다. 따라서 시를 창작함으로써 삶이 순화되고 평온이 찾아오므로 시는 치유의 힘이 있다.

푸르렀던 하늘이 검푸르게 변해
빗방울이 빈 창가를 뿌옇게 가려도
그리운 님아
나는 빗속에서 수려한 그대 모습 봅니다

초록빛 향가가 차올라 몽롱했던
들판에 먹구름이 덮여도
그리운 님아
나는 빗속에서 반짝이는 그대 눈동자 봅니다

울긋불긋 꽃 정원에
맑은 새소리가 사라졌어도
그리운 님아
나는 빗속에서 환히 웃는 그대 얼굴 봅니다

실비가 내리고 내려
뽀얀 속살이 빗 물속에 울어도
그리운 님아
나는 내 가슴속에 꽃 같은 그대 사랑 봅니다

--〈빗속에 그대를 봅니다〉전문

 님의 사랑이 빗물로 찾아와 나에게 스며든다. 빈 창가에, 초록빛 향기 속에, 꽃 정원에 스며드는 빗물과의 깊은 만남, 그는 그러한 자연의 합일점에서 사랑을 발견한다. 농밀한 감각적 심상과 더불어 고요하게 내리는 실비가 가슴을 적신다.
 시의 소재는 지상세계와 우주, 온갖 사물과 삶이 모두 소재이며 살아 있는 시 그 자체이다. 그리고 그 모든 것을 투시하는 시인의 자기 자신 안에 있다. 따라서 마음의 눈과 귀가 열려 있어야 불가시의 세계를 볼 수 있다. 김인녀 시인은 생활 속에서 시의 소재를 찾아 섬세한 필치로 사랑과 희망의 메시지를 시에 담아내고 있다.

캄캄한 밤하늘에
별도 안 뜨고 되는 일도 없으니
가슴이 답답하고
앞날이 눈물겹게 암울하다

험난한 세파에도 작은 쪽배를
열심히 저어가는
자녀들이 있어
마음을 따뜻하게 위로한다

부족해도 각자의 자리에서
부끄럽지 않은
미래를 조립하고
우리 서로 희망의 별이 되자

--〈희망의 별〉전문

 별은 희망의 상징이며 사랑의 대명사이다. 시적 화자는 답답한 현실에서 자녀들의 성공을 기원하면서 희망의 별을 가슴 속에 키우고 있다. 세상을 오래토록 열심히 살아온 사람만이 자신 있게 할 수 있는 말이 희망이다. 대한민국이 세계 10대 선진국에 진입했다고 하지만, 서민들의 생활은 힘이 들고 세금은 많아 빚에 쪼들리며 돈은 벌기 쉽지 않다. 경제적으로 힘들고 답답한 상황이지만 자식들이 성공하여 이 가난의 굴레에서 해방되기를 바라고 있다. 이러한 현실을 침묵의 외침으로 반영한 시이다.

간밤에 누가 밤새 빨래를 했나
흰 옥양목 온 운동장에 지붕 위에
하야니 널려 있다

아침 해가 떠오르니 반짝반짝
눈을 깜박이며 반갑다고
아침 인사를 한다

뽀얀 안개가 되어 다소곳이
사랑한다고 속살되니 행복이
피어오르고 아침이 상쾌하다

빛바랜 세월 속에 옹이진
아픔도 고통도 맑갛게 사라지고
사랑의 가슴 바다에 눈꽃이 핀다

--⟨눈 내린 아침⟩전문

  눈 내린 아침은 하얀색 사랑의 기도로 눈꽃을 피웠다. 맑고 순수한 시인의 감성이 명징한 이미지를 창출하고 있다. 흰 옥양목을 운동장과 지붕에 널어 두고 가신 신의 작품을 감상하며 행복과 사랑이 차오름을 알 수 있다. 자연이 연출하는 위대한 생명력으로 탄생된 안식과 희망의 세계로 승화시키고 있다. 굳이 왜 그렇게 해야 하는가의 이유를 주장하거나 설득시키려고 하지는 않는다. 김인녀의 시 속에는 사랑과 희망을 노래하며 포용력 따스함이 스며있다.
  김인녀 시인의 6번째 시집 출간을 축하드리며, 앞으로 더욱 감동적인 시가 나올 것으로 기대되어 시인의 행보에 응원과 박수를 보낸다. 먼 길을 끝까지 완주하시기를 빈다. (*)

김운향

창작동네 시인선 169

그대는 나의 봄

초판인쇄 | 2023년 7월 20일
지 은 이 | 김인녀
편 집 장 | 정설연
펴 낸 이 | 윤기영
펴 낸 곳 | 도서출판 노트북 **등록** | 제305-2012-000048호
주   소 | 서울시 동대문구 사가정로 256-4 나동 101호
전   화 | 070-8887-8233 **팩스** | 02-844-5756
H   P | 010-8263-8233
이 메 일 | hdpoem55@hanmail.net
판   형 | 신한국판형 130-210/ P144

ISBN 979-11-88856-70-1-03810
정 가 10,000원

2023년 7월_그대는 나의 봄_김인녀 제6시집

한국시 현대시

*잘못된 책은 교환해 드립니다.
*저자와의 협의로 인지는 생략합니다.